Les ombres des tournesols

Julie Entlein

LES OMBRES DES TOURNESOLS

poésie

AL

© 2024, Julie Entlein

Photographies : Julie Entlein
Conception couverture : Alardi

Édition : BoD · Books on Demand GmbH, In de Tarpen 42, 22848 Norderstedt (Allemagne)
Impression : Libri Plureos GmbH, Friedensallee 273, 22763 Hamburg (Allemagne)

ISBN : 978-2-3225-0545-6
Dépôt légal : août 2024

Tous droits de reproduction, d'adaptation et de traduction, intégrale ou partielle réservés pour tous pays.
L'auteur est seul propriétaire des droits et responsable du contenu de ce livre.

*Aux rêveurs
et à ceux qui n'osent pas encore*

« *Avec la poésie, il n'est pas nécessaire de comprendre, il suffit de ressentir l'atmosphère, sans y réfléchir à tout prix. On visualise ce qu'on veut.* »

Michiko Aoyama

Torpeur

ÉPAVE DU SOIR

Fermer les écoutilles
laisser les ondes dehors
les moustiques à la porte
les cris des voisins
les enveloppes clignotantes
toutes les lettres mortes
les nœuds à l'estomac
prendre l'avion
atterrir plus loin
juste avant demain
pour entendre enfin
résonner le silence
des débuts de soirée
les enfants couchés
des lucioles plein la tête
le moineau sous le sapin
le fauteuil qui attend
éclairé faiblement
dans le demi-jour noir
soupirer un peu mieux
s'échouer dans le creux
d'un tombeau mérité

L'EAU D'OR ÉTOILÉE

À pas de velours
sans se retourner
s'imprégner
se laisser envoûter
partir
sur la pointe des pieds
sur une mare d'eau noire
dans l'obscurité
un ruban d'or
autour du corps
un rectangle de nuit
à trois blancs côtés
le rai qui filtre
la porte qui se referme
et puis le rien
le rien du tout
de tout ce que l'on se fout
le grand vide
le sidéral
qui nous avale
la bouche énorme
qui nous bascule
le puits éternel
dont on ne revient pas
le grand sommeil
où l'on tourne
telle une étoile
dans le ciel
les cheveux ondulés
les bras et les jambes
écartelés

le souffle nocturne
qui nous aspire
qui nous vomit
la bouche d'égout
le trognon pourri
l'air des poumons
le cœur qui bat
le mouvement de vie
reste la case   départ
le néant

LES ÂMES GRISES

Où partent les âmes
quand elles prennent
leurs ailes
leur chapeau
leur bagage
le bateau
le train
pour cet aller
sans retour

où vont-elles
toutes ces âmes-là

je crie dans le noir
mais elles ne me voient pas
je m'égosille
mais elles ne répondent pas
je suis là
seule sur le quai
le cœur débusqué
palpitant   à vif

les autres vont le piétiner
le labourer   l'érafler

où vont ces belles âmes
où es-tu
              toi   mon âme
que je chéris
que je pétris
entre mes mains désolées

la pâte monte
les bulles éclatent
en sanglots

je cherche
mais il n'y a
que de la viduité
du temps qui passe
de l'absence
des trous
sur mon chemin

je sautille
de pierre en pierre
au milieu du ruisseau
la grenouille gobe
ma languissante peine
cette mouche inutile

comme la douce Ophélie
je m'offre à l'eau
je m'y noie
peut-être seras- tu   là

dans mes regards
dans un reflet
dans une larme versée
dans le sel de ma joue
dans mes cils alourdis

où te caches-   tu
où se cachent-elles toutes
nos âmes grises

MÉLODIE D'ÉTRANGES BORBORYGMES

Une faim
qui attaque le ventre
le lamine
le rend creux
sonore
comme une vieille balle
sur le pavé
une vessie sèche
qui claque
sur le trottoir
d'une vie délavée

        la
                mi

une faim
qui fait saliver
noyer les dents
endormir les gens
un gros trou béant
un désert de famine

        fa
                mi

une faim
de loup
d'à peu près tout
de feuilles
de terre
de mort

et de vivant
la bouche
un plâtre lourd
qui rend sourd
docile ou fou
la langue énorme
qui se déforme

       do
              si

des œufs cachés
pour le matin
des vers qui se tortillent
l'après-midi
des mouches qui grouillent
prennent racine

       ré
              si

des êtres qui volent tout
et se construisent un nid
une famille

       fa
              mi

faim

BAL MASQUÉ

Les reproches déguisés
qui ôtent leur costume
les soirs de rancune
pour un gâteau oublié
une tarte avortée
une fête de pacotille
les désirs que l'on a soi
les forces que l'on n'a pas
et tout ce que l'on ne voit pas
l'essentiel
que l'on omet de louer
les ombres du rosier
qui dansent sur la poubelle
débordante à la pelle
qui ramènent les pensées
au moment présent
à l'ici et maintenant
tous attablés
autour du souper
un cornichon planté
au milieu d'un tas de purée
souffler sur le passé
des bougies envolées
ce qui part en fumée
tourner sa langue
remercier sans ciller
éviter que ça tangue
et sourire sans regret
à l'être aimé

SURSAUT

La porte s'ouvre à la volée
mon cœur sursaute
dans sa cage
de lames blanches
mes poils se hérissent
des millions d'aiguilles plantées
un sang glacé se répand
mon front se plisse
de contrariété
mes sourcils forment
un oiseau
prêt à s'envoler

je regagne la montagne
les pâquerettes ont disparu
la boule à zéro
du champ labouré

je ne bouge pas
je ne suis plus là
personne ne me voit

je salue le jour
qui s'en va
une dernière arabesque
et puis voilà

L'ÉCHAPPÉE

Voir   effleurer
un mot un livre
du bout des lèvres
mille possibles
qui s'évanouissent
dès qu'on s'éveille

en toute quiétude
les laisser filer
le long des vagues
fracassant les rochers

il est des idées
qui s'envolent parfois
que l'on ne retient pas
de légers ballons
qui nous échappent
que l'on garde éloignés
par une ficelle
sans même forcer

des rêves
qui partent un peu loin
sans qu'on ait le temps
de les nommer
qui nous filent
entre les doigts

des étoiles
dans les yeux
qui sautent

sur le bout de la langue
qui fourchent
pour crocheter
la toile du ciel

s'y suspendre
s'y jeter
un plafond tissé
d'un bleu cobalt
tacheté d'éclaboussures
de poussière argentée

je m'y plonge dedans
je rêve que je dors
je dors et je rêve
un silence d'or
berce les battements
de ma sève

PETIT BOURGEON MALMENÉ

Tailler dans la chair
cisailler la glace
couper dans la pierre
sans que rien trépasse
sans rien enlever

de toute cette subtilité
ce sésame attendu
cette part d'âme perdue

un soupçon un détail
une perle inavouée
pour ne rien bafouer
pour que rien ne s'en aille

un petit morceau de cœur
juste un simple battement
laissé là bêtement
à côté des ornières
de la plaque foutue

prendre la gerbe entière
même le pain perdu
ne pas perdre de fleurs
les bras chargés en pleurs
d'une enfant abandonnée
écrabouillée par inadvertance
sur la bande d'arrêt d'urgence

LE CHAT ET L'ARAIGNÉE

Et je materne
je suis ce mât terne
qui ne doit pas céder
qui doit maintenir
droite la chaloupe

je suis un chat-loupe
qui miaule et grossit
tout ce qu'il voit
qui enfle d'angoisse
qui fait sans peine
d'une miette incertaine
tout un plat

je suis cette fausse soyeuse
qui tisse la mort
de ses pattes d'araignée
qui creuse les heures
de sa pelle d'acier
à la recherche
de vies passées

FILS DE LUMIÈRE

Derrière les rideaux
de mes yeux
je vois des arbres
un ciel beige bleu
une forme orange
un soleil couchant
ou un ballon de rugby
une clarté claire
des fleurs pâles
des gerberas au cœur sombre
ou des marguerites
des photographies de gens
que je ne connais pas
en noir et blanc
un bambin joufflu
avec de grands yeux marron
une femme blonde
avec un grand nez
un couple attendri
qui regarde un bébé
drapé de blanc
une robe immense
des cheveux remontés
de vieux clichés
ils sont morts   tous
et j'entends
l'évidence
comme je ne l'avais
jamais perçue jusque-là
nous le sommes   tous
        des fils de Lumière

RUINES ASSOUPIES

Allongé sur la terre
sous la pierre habitée
      toi
je contemple les vers
tantôt qui t'ont mangé

plongée sur un tapis
de mousse
ma peine dort là
au pied de la grotte
du cœur
tapissée de lierre et de peur
où demeure ton éclat

silencieuse   je pleure
je t'attends
      reste là

LE CHEMIN DU CIMETIÈRE

C'est une corneille là-bas
dans le noir du matin
le métal de la gourde résonne
contre la portière

la route penche
dans les ornières
qui est le plus haut   ou le plus bas
qui gagne   ou perd
c'est nous qui   allons plus vite
que ce vélo
les parents sont des singes
les enfants s'élèvent
dans les grands sièges
ils nous disent
que c'est toujours comme ça

Maman   tu as vu les chevaux
reprendre le pont
en marche arrière
sur le retour
Papa   on vient de passer
devant un caillou
posé dans l'herbe
je t'avais expliqué hier

un magasin en face
les garages
trois petites places
la rue des Herbières

UN NOUVEAU JOUR

Bonjour mon bébé
as-tu bien fait dodo
dans ton petit lit tout beau
le matin est là
il te tend les bras

DIMANCHE DE MARCHÉ

Un petit coquelicot
sur le pavé
un camion rouge
des poules multicolores
qui se marchent dessus
des oies et des canetons
qui cancanent
des chèvres
qui embrassent
les doigts des enfants
à travers leurs barreaux
des goulots qui refoulent
dans la foule
des œufs frais
des tresses d'ail fumé
du fermier esseulé
des chaussures en toc
des loques qui pendent
sur des tringles et des cintres
du pain des viennoiseries
des commerçants qui crient
des gadgets des joujoux
qui rendent fous
de la camelote
qui tourne en rond
de gros ballons
un Mickey désolé
des dizaines de guêpes déchaînées
qui aspirent le sucre
sur des fruits séchés
des olives déversées

des sourires édentés
des écrans de fumée
des fleurs de cimetière
moches à pleurer
des tourniquets surchargés
des sacs en plastique
qui s'entassent aux poignets
qui cisaillent la peau
de vieilles biques
qui discutent du temps
des nuages blancs
des odeurs emmêlées
l'attente du poulet
qui tourne sur sa broche
de la monnaie plein les poches
le fromage le poisson
quelques pierres précieuses
les pigeons qui se battent
sur le toit de l'église
se faufiler
main dans la main
la poussette bourrée
de terre et de choux
de plants à repiquer
tanguer les bras chargés
s'enthousiasmer
recroiser la fleur cramoisie
sous le pied d'un passant
écrabouillée
regagner la voiture
avant que le soleil
ne brûle la peau
de nos épaules dénudées

SIESTE SUR LA PLAGE

Échouée sur le sable
je laisse
les rayons me cogner
les vagues me lécher
les crabes m'escalader
les coquillages me consteller
les enfants me piétiner
les chiens m'éclabousser
les algues m'emmêler
les mouettes se moquer

je suis
un lombric caché
un alevin apeuré
une flaque esseulée
une goutte d'eau salée
engloutie par la mer

CORPS FLOTTANTS

J'ai une mouche noire
ou un ver de carnaval
qui se balade
dans l'œil droit
depuis que le petit jet d'air
a soufflé sur la montgolfière

LES OMBRES DES TOURNESOLS

À l'ombre des tournesols
battent les éoliennes
dames immenses
dominant les champs

phares en plein jour
chasseuses de vent
dans leur grand marcel
rayé rouge et blanc

je file à vive allure
châle envolé
lunettes noires sur le nez
cœur tourbillonnant
à regret

je m'éloigne du passé
encore trop présent
du présent déjà dépassé
dans mon bolide d'acier

je laisse s'échapper
les souvenirs d'avant
ces bribes recollées
rémanentes pourtant
à moitié effacées
qui me suivent

comme des ballons blancs
accrochés à mon poignet
traînés par le vent

comme ces moulins de papier
plantés au pied
des tomates et du laurier
qui mélangent les couleurs
en grande roue arc-en-ciel

où vont-elles toutes
ces hélices immenses

où s'envolent-elles
ces ailes blanches
quand j'ai le dos tourné

où vont-elles toutes
ces années vécues

où s'envolent-ils
ces instants perdus

ces mots inconnus
ces sourires entendus
ces mains tendues
que je laisse en arrière
dans le rétroviseur

à l'ombre des tournesols
ces soldats vaillants
qui bravent sans fin
les rayons du feu
tournent encore
sur le sol

ces soleils noirs et lents
ces roues dentées
qui s'engrènent et cogitent
qui agitent ma gorge
qui concassent mon cœur
qui mouillent mes yeux

où vont-ils tous
ces beaux tournesols
quand le ciel est parti se coucher

CLAIR DE LUNE

L'anneau de mon cœur
accroché à la branche
d'une étoile
au feuillage épais
gorgé de citrons jaunes

moisson d'été
moiteur du soir
moitié d'amour

MAGIE MATERNELLE

La nuit
pour les bébés
je me transforme en fée ballerine
je remets les tétines
pour consoler
je donne un peu de lait
pour rassasier
je retrouve les doudous égarés
pour cajoler
je jette une poignée de sable
pour rêver

PEUR D'ENFANT

Un pont tunnel
un pont tunnel
ponctuel
comme on pond un œuf

comme on mâchonne une glace
sur la pointe des canines
plongé dans le noir
discrètement

MIRAGE DES PAPILLONS BLANCS

Les reflets du bitume
qui se consume
sous les lances brûlantes
du soleil
miroitent comme l'eau
et disparaissent
avant que les voitures
ne roulent dessus

ROULI-ROULA

Ne pas saisir
que la compréhension des choses
ne dépend que de nous
oser se débarrasser
des voix parasites
même celles qui hésitent
dans notre tête
celles qui portent des pommes
dans un panier en chocolat
qui font trois pas çà et là
qui piétinent lancinent
stop

enlever les fioritures
revenir à l'épuré
ne pas renoncer
se lancer
bouger
changer
enfin vivre

L'ARCHE VIDÉE

La literie est pareille
à une litière béante
où des milliers de poils
dorment avec les chiens
des puces et des poux
courent partout
des taches brunes
des pattes du jardin
gondolent le matelas
et font un concours
avec l'odeur nauséabonde
la crasse collée au sol

suffoquer au pied de la porte
de ce vaisseau de Noé clandestin
tenu par un vieux couple
égaré au bord du chemin
dépassé par les années
et la multiplication des pains
qui finissent entre eux
par se mordre la queue
l'océan est trop grand
les aboiements agacent
les cages s'entassent
la colombe blanche passe
un rameau d'olivier
dans son bec coincé
et le calme revient

À LA STATION-SERVICE

Six cigognes
survolant les champs
claviers de piano dans les airs
aux ailes déployées
se superposent en planant
famille de poupées
gigognes qui se cognent
et posent leurs longues pattes
dans l'orge fraîchement coupé

ROUTE DE CAMPAGNE

Les étourneaux font la course
avec nous
l'enfant bâille
dans son siège
les corneilles assombrissent
les champs dorés
la chaleur résonne
dans l'habitacle feutré
le ciel bleu fait défiler
ses nuages tout autour
les hélices des éoliennes
tournoient
dans le silence des oiseaux
les aigrettes des pissenlits
s'envolent
dans le vent ralenti
les ailes blanches des pigeons
clignotent
les morts sommeillent
la queue du cheval bat
le clavier martèle
dans ma tête
aussi léger que la plume
la route est vide
nous nous enfuyons
vers ailleurs
un autre lointain

EN SECRET MALGRÉ LE FROID

Dans nos yeux
nos proches ne changent pas
ils restent des enfants
des grands ou des parents
ils ne vieillissent pas

dans nos têtes
ils sont intacts
leurs rires   leurs yeux
leur cœur   leurs cheveux

dans notre âme
nos familles restent et brillent
les rides n'existent pas
la pâleur   la grisaille
nos pupilles demeurent aveugles

la musique du marchand de glace
résonne dans les rues
un carré rose blanc chocolat
l'enfance en pyjama chante
des gaufrettes dans les cheveux
juste avant l'heure du coucher

sur nos visages
malgré les larmes
malgré le temps
malgré la mort
les absents ne s'effacent pas
ils restent inchangés
comme les images d'un vieux

rétroprojecteur qui défilent
malgré les saisons et les jours
qui filent
malgré tout
malgré soi

dans nos mémoires
ils s'animent et perdurent
un flambeau que l'on ravive
à chaque pas
chaque expression
chaque réunion
chaque départ

ils font vaciller nos sourires
une flamme fragile
au milieu du repas
on leur tient la main
tout bas
sous la nappe
sans que personne le voie

la tête penchée
les mies du pain battant
la chamade là où
le trou est présent   manquant
au centre de la tablée
dans les pensées des enfants
qui sommeillent une fois
le dessert avalé
des paysages qui tournent
nos lèvres serrées à double tour

GLACE AU SAVON

Ces petits riens
qui forment un tout
ces petits riens
qui prennent le chou
ces petits riens
qui font mon tout

qui sortent de moi
comme des bulles de savon
des ballons luisants et ronds
que je récolte
sans les retoucher
pour ne pas les éclater

auxquels je m'arrime
pour ne pas m'envoler
ces petits bouts de moi
qui risquent de s'évader

on ne déforme pas la réalité
pour mieux qu'elle rentre
dans un cornet
que tout le monde
pourra lécher

la retranscrire
comme elle est arrivée
la capturer
pour se sentir
beaucoup plus léger

BALADE AU COUCHER

La fougère enlace le sureau
les ombres avancent
au bord des épis de blé
les grillons font un concours
avec le chant du vent
l'arbre mort est entouré
par les bras de la forêt
le maïs cache les galets
par cette soirée d'été

NUIT BIZARRE

La berceuse trace
des nuages dans les rêves
le soleil est parti
derrière l'avoine blond
le noir envahit
le lieu de formes inconnues

les moustiques volent
dans les rais célestes
des lampes de chevet
la poussière éclairée
qui fait éternuer

les cris du bébé
qui recouvrent la crasse
et forment une chape sombre
une housse fermée
pour les moutons qui roulent
et les araignées coincées
au creux des pinces à linge

la journée endormie
l'enfant qui creuse un nid
au fond du matelas troué
d'une empreinte passée

LE CHALET EN TORCHIS

La porte se referme
le vide s'empare des oreilles
la résine et la poussière
s'infiltrent dans les pores
les armoires démesurées
sont pleines à craquer
où que les yeux se posent
un cabinet de curiosités

un chat traverse la toiture
sur le bout des coussinets
un écrin de verdure
garni de fèves et de kiwis
de petites grenades âpres
prêtes à être dégoupillées

les écureuils se poursuivent
sur le tronc d'un chêne
entre les rayons du soleil
un gland enfoncé dans la glaise
abrite en secret une famille
de forficules luisants
des mouches bruyantes
sur les chaises jaunies
battent les secondes du temps
le panier en pierre lutte
sous la mousse gonflée
contre l'effondrement
          un coin de quiétude

SUR LE TRAJET

La portière à peine claquée
le piano déverse ses notes
comme des vagues sur la mer

une dame danse
dans son allée pavée
le tracteur fait des balles
il joue avec la paille
le rat des champs bondit
sous les roues
son corps est une onde
qui file de justesse

la sirène bleue laisse
une traînée de cris
dans l'air brûlant
sur la route révulsée
de savoir qu'un être
de l'autre côté l'attend
seul   suspendu à un fil
à ce son azuré
qui resserre les tripes
qui retourne le cœur

SALADE DE FRUITS

Essorer son corps
de l'eau qui ruisselle
par la chaleur
comme une salade
que l'on vient de laver
vers laquelle se ruent
les limaces déchaînées
s'étaler dans l'herbe
ne rien faire que rêver
de plus de fraîcheur
et de moins d'enfoirés

LE POÈME COURT

Vite   vite
le temps qui file
le temps qui meurt

LES MÔMES

Un gosse
ça remet les pendules
à l'heure
ou bien ça les détraque
ça nous attaque
ça met les nerfs
en pelote
ça fait des nœuds
ça en met partout
ça mange les nuits
les réduit en bouillie
ça met les cris à vif
ou des envies de gifles

ça donne
ça aime
ça rit
ça fait que l'on oublie
tout le reste aussi

COMPOTE DE JUMEAUX

Ils sont nés en même temps
si on les empile
ils n'ont que dix ans
ils ne sont qu'un enfant
ils ne forment
qu'une seule et même personne
qu'un seul et même ventre
si on les superpose
l'un sur les épaules de l'autre
dans un manteau   déguisés
ils ne dépassent pas six pommes
ça pourrait marcher à l'entrée
pour économiser quelques ronds
que tout le monde se trompe
qu'ils ne comptent que pour un

TEATIME ÉDULCORÉ

Sain
thé
teaser

quelques notes fraîches
s'enchaînent
pour donner l'eau
à la bouche

le sachet de papier baigne
dans l'eau blême
la couleur des fruits
se répand la nuit
une traîne de reine rosée
un poisson blessé
une hémorragie aquatique
logique

sainteté
teas
heure

je bois la tasse
à la santé divine
des filles femmes qui dansent
au milieu des piscines
aux portes de la nubilité

j'écoute le cœur
du synthétiseur
battre ses notes

au fil de la flotte
je sirote le breuvage
rouge grenadine
perles de lait
fraises sauvages
groseilles citadines
à l'heure des Anglais

IL PLEUT

Une voiture qui se roule
dans la boue
de la ville
éclabousse des boules
patauge avec ses roues
puis qui pile

je me lance
sur le dos d'une orange
immobile
juste un zeste d'avance
rien ne se mélange
pas grand-chose d'inutile

DANS LES VEINES

Il me dit que pour lui
l'infidélité n'est pas
dans sa conception
du mariage d'amour

peut-être que pour moi
l'adultère se cache
dans un brin d'ADN
depuis ma conception

                         –   *redouter l'invisible*

SOIF NOCTURNE

Accoudée au comptoir
je patiente dans le noir
sur un siège en plastique
histoire plus pratique
qu'une course effrénée
à travers les allées
toujours à perdre haleine

BIBERON D'ENFANT

Ces matins blêmes
où j'ai le nez qui saigne
le blanc le rouge
d'un triste clown
qui se noie
dans un verre de lait
sucré de grenadine

PRIONS POUR EUX

Il y aura toujours
pour ceux qui ne veulent pas voir
une part de monde inaccessible
une part d'éveil envolée

qui trouveront
les lettres inutiles
qui resteront
sur le bord des choses
qui ne connaîtront
que la surface du reflet

L'AMOUR

Une paire de bas résille
d'yeux
de seins
de lèvres
de fesses
de mains
un rideau tiré
à l'abri des voisins
une même pensée
un lit rouillé
des rires étouffés
la lumière
des paupières
un soupir de félicité
une soirée d'été
deux corps enlacés
pour se raconter
se dévorer

L'IVRESSE DE L'AIGLE NOIR

L'impression de revenir
à la maison
        ce devrait être l'inverse
        la quitter plus loin
les forêts d'épicéas
tendent leurs bras
les ponts les vallons
les autoroutes ouvertes
sans allée de réverbères
aux fenêtres

flotter
dans une étuve étroite
nager dans le chaud
       être   le chaud
chaud contre chaud

un bloc de feu
attaqué par les rayons
qui traverse les paysages
sur ses quatre pneus

une serre à roulettes
suffoquer   étouffer
le corps se dilue
dans ses propres gouttes

la promesse
d'un ailleurs meilleur
d'une parenthèse de réconfort
pousse l'individu

        laisse l'individu
collé sur place
ruisselant

l'être est curieux
et endure bien
outre ce qu'il peut
ce qu'il veut

INSOLENTE INDOLENCE

S'étirer dans le grand lit
étendre les bras
incarner l'élégante grâce
devenir un rapace géant
envergure de deux mètres
trois mètres ou cent
être un milan royal
oiseau sublime
regard de glace
ailes coudées
bandées de blanc
chevalier roux
amande ultime
perchée haut dans le bleu
planant sur la campagne
saxonne brûlante
plongeur tournoyant et fou
jetant sa véloce monture
pour dépouiller les merveilles
suspendues au mât de cocagne
éventrer d'un coup
du sol au plafond
les piñatas en carton
en forme de maisons
de pâles montagnes
pleines de bonbons
de céréales d'or
s'élancer dans les airs
à la poursuite
de souris nuageuses
de hérissons lisses et ronds

de lièvres volants
se transformer en dragon terrifiant
mangeur de rois et de nains
lanceur de flammes
de pierres et de diamants
comme les trésors brillants
dans les coffres bondés
des pirates Playmobil
bâiller et frotter ses yeux
pour chasser le sommeil inutile
battre des ailes
pour déterrer le sable
de son corps futile
n'être que l'essence de l'être
du vent   de l'âme
du fragile
partir à ta conquête
au royaume des cieux
au cœur d'une vitrine
de barbes à papa
roses blanches ou citrines
se perdre dans les méandres
rebondir dans tous les coins
être balle magique
d'arc en arc du ciel
s'enliser dans le sucre
se rendormir dans le miel
dégoulinante   **torpeur**
pour finalement
ne rien faire d'autre
qu'attendre la pluie

PETITS MOTS D'ENFANT

Serpent
cerf blanc
tac

je n'aime pas
jamais

je suis prêt à tout
avec mon casque

c'est pas moi qui tousse
c'est mon corps

le Sandmann est passé
j'ai les yeux qui picorent

NOTRE TERRE, TOI, QUI ES AUX CIEUX

Le cœur baigne
de se noyer
à la surface d'une mare étoilée
l'eau de rosée coule
dans la grotte submergée
le long des stalactites mordorées
le silence est une tombe
où le vent ne meurt pas
englouti dans les entrailles
de notre Terre Gaïa
emporté par les dunes
lesté par une enclume
pleurer des larmes lourdes
d'une tonne de ferraille
vieilles de mille ans
la déveine se déverse

avoir la tête à l'envers
remplie de détresse
s'égarer dans les brumes
prendre des trains
sans direction
longer les rails
sur les mains et le front
s'allonger sans bruit
le doigt posé
sur la gâchette
en cachette
pour retourner en amont
et s'abreuver à la source
qui porte ton nom

VACANCES

Le lit est aussi onctueux
qu'un matelas de chantilly
dans lequel il est bon de s'enfoncer
jusqu'aux coudes
bâiller les mâchoires tendues
s'étirer à bras ouverts
le dessert est déjà terminé

RÉVEIL AU MONT PATERNEL

Une oreille
vieux coquillage rabougri
une barbe
bobine de ficelle délavée
un nez crochu
petite coquille de noix
deux lèvres
pâtes en caoutchouc
des cheveux
allumettes craquées
un bretzel en bois
bébé se réveille
s'émerveille
escalade une montagne
part à la conquête
de son papa

ON Y DANSE

Sur le pont
en rentrant du parc
nous assemblons
nos noms

tu n'en as pas marre
de l'eau du ruisseau
qui coule dans la canette

ce n'est pas terrible
mais ça fonctionne
à l'ombre des feuilles
là où les voitures nous frôlent
en terminant nos glaces

ULTIME SOPHISTICATION

Piquer de cure-dents
de larges feuilles d'érable
fabriquer des couronnes
d'elfes puissants
cueillir dans les ronces
de grosses mûres noires
qui empourprent les dents
et les lèvres des enfants

se promener ainsi coiffés
et barbouillés
dans l'allée des hauts conifères
la gravir armés d'un long bâton
de pèlerin ou de vieux berger
se déplacer sur la pointe des pieds
à la recherche du village des fées

faire résonner la mélopée des nains
au-delà des cimes éloignées
écouter les oiseaux chanter
entendre les brindilles craquer
le tapis de mousse étouffer
les bruits de nos pas

découvrir des maisonnettes cachées
au creux des souches vertes
imaginer le petit monde
qui sommeille sous le bois
pendant que nous sommes là
un palais et un puits
un donjon et une prairie

appeler les écureuils
pour leur distribuer des glands
des grains trouvés là
remonter le sentier
des oiseaux dévorés
tas de plumes délaissés
terrain de chasse
d'un renard ou d'un sanglier
frissonner un peu
l'échine gelée
se hâter à chaque enjambée

suivre les traces des cerfs
pommes de pin grignotées
par les petits visiteurs roux
ou des piverts fous
ne laissant derrière eux
que quelques écailles éparpillées
et des trognons rongés

regagner le chemin
se changer en archéologues
pirates ou chercheurs d'or
gratter la peau du sol
trouver des trésors
des pierres précieuses
qui brillent sous l'eau vespérale

dénicher ce graal inouï
agenouillés dans la terre
les doigts tachés de glaise
crier victoire
les yeux luisants et fiers

le poing brandissant le diamant
qu'aucun autre passant
n'avait vu jusque-là
exhumer de vieux mousquets
en bois recouverts de lichen séché
se poursuivre en gloussant
chargés de tous les secrets
amassés pendant cette promenade
de fin de juillet

être conscients
d'être les plus chanceux du monde
de faire partie de la ronde
de la riche nature
cette véritable vie
merveilleuse

RÉSEAUX RACINAIRES

Que pense un jeune arbre
planté à la place d'un autre
le long de la route
en rang d'oignons
coincé contre sa béquille de bois
maintenu dans sa sangle noire
pour l'empêcher de vaciller

que ressent-il
tout frêle enterré
juste à côté
d'une grosse souche
encore marquée
de peinture fluo
qui défie même la nuit

entend-il le souffle
de l'arbre mort
ses racines emmêlées
dans les siennes
communiquent-ils encore
sans le sang battant

ou bien le sol résonne-t-il
de creux et de vide
comme des brins de blé
fauchés
les pailles offertes
à l'air ambiant
immense champ
de flûtes de Pan

suppliant un dieu
tout-puissant

où vont les esprits
des arbres abattus
quand la sève ne circule plus
quand les branches craquent
sous notre poids

continuent-ils
à serrer la main des petits
en secret
sous les couches de terre
enlacés pour l'éternité
leurs doigts invisibles
à nos yeux fermés

AVERSE

Dans le bruit de la pluie
il y a
un coin d'enfance
dissimulé sous l'édredon
l'ourson serré contre le cœur
la main cachée sous l'oreiller
une mélodie de drôles de sons
l'assourdissement des mots
qui font sursauter les petits maux
sur l'ossature épaisse
le clapotement des rêves
sur le rebord du carreau
le bateau qui se berce
la cape dégoulinante
le chaperon mouillé
les boucles rallongées
les longues nattes de vigne
qui pendent jusqu'au plafond
la marelle de craie
sur le trottoir détrempé

il y a
le bourdonnement des abeilles
qui tourne dans les oreilles
un parfum entêtant bruyant
qui rend sourde la lune
le fil fluo d'un gros yo-yo
deux disques de bois
des éclairs jaunes
le bond d'un félin tigré
sur le dos d'un âne zébré

la flèche de Cupidon
lancée à moitié plantée
les nuages gris à l'infini
qui redoublent leurs cris

il y a
le ronronnement du chat
que l'on n'entend même pas
couché sur les genoux
de la cuvette à la lunette ouverte
un gros matou qui glisse
sur le carrelage froid
le regard saisi
d'avoir commencé sa nuit
sans avoir été prévenu
une flaque aux pattes
d'un arbre nu
un tourbillon d'acier
un miaulement une véranda d'été
une porte ouverte
refermée

et puis plus rien
le calme
le silence
le plat
l'évidence

UN PETIT MACHIN-CHOSE

Panse ivre
pensive

les chiens aboient
aux abois

quand la nuit luit
pour lui

tout est possible

MATIN CHAGRIN

Les asters sont en fleur
mon cœur se meurt
de ne plus te voir
le laurier pleure
le ciel est jaune
les étoiles ont filé
devant l'aube épinée

LE CHANT DE L'OISEAU

La cantatrice
comme un soleil
a déployé ses ailes
j'entends encore
son rire résonner
de l'autre côté
du rideau de velours
pendant que je jouais
le chant du canari
au fond de la chapelle
à cause d'un chocolat
trouvé dans une vieille cassette
je la vois
qui leur apprenait
à miauler comme des chats
préparer un gâteau
pour une rose
et étendre les bras
comme les bras immenses
de l'amour

CÉPHALÉE DE FIN D'ÉTÉ

J'ai vu dans le ciel
un groupe de danseuses
avec la blonde Falbala
une sinistre gueule de loup
qui avançait comme un train
crachant de la fumée
le gris qui écrasait
les gens
un plafond épais
derrière lequel le soleil s'éteignait
j'ai vu les mûres s'envoler
les mouches se ruer
les feuilles des courges se recroqueviller
et puis les nuages défiler
jusqu'à ce que mes yeux se ferment

Marcescence

UN AN OU PEUT-ÊTRE CENT

Histoire très simple
de retourner en arrière
de recommencer l'existence
s'isoler sur une marche
au milieu de l'escalier
le front courbé
entre les mains
entendre l'enfant pleurer
la poussette couiner
les assiettes claquer
l'eau du bain dégouliner
repartir en arrière
un an avant
        ou peut-être cent
se barrer simplement
sur la pointe des pieds
une danseuse aussi lourde
qu'un éléphant
qui pèse des tonnes
de souvenirs
de chagrins
de mouvements lents
glisser et s'en aller
revenir en arrière
sur les genoux
à reculons
prier pour que les morts
reviennent bientôt
entendent nos mots
ne nous laissent pas
dans le tourment

les appeler
au milieu de la nuit
tourner les pages
à rebours
avant que la fusée décolle
transperce le livre
au milieu des piles instables
de nos cœurs terrifiés
fermer les yeux
redouter le temps
s'imaginer un an
        ou sans doute cent avant
serrer ce petit bébé
qui vient de naître
soupirer de soulagement
le respirer
son odeur de poussin
tout juste sorti de l'œuf
ce petit jaune
ce soleil attendu
l'aimer encore plus
se replonger dans sa venue
la plus belle vie jamais vécue
ce petit brin de souffle
ce cri merveilleux
ces mains qui s'agrippent
ces réflexes de survie
d'amour éternel
qui nous lie
au-delà de tout
les frontières
les saisons
les chimères

un amour
comme s'il en tombait
du ciel et sur les toits
courir de joie
sous la pluie
se souvenir de bien plus
que le cœur nous en dit
clore les paupières
se rappeler
revenir en arrière
un an avant
        ou peut-être cent
sourire aux lèvres
tremblantes encore
même dans le noir
serrer sa petite main
entre nos doigts
toujours

AU SUIVANT

Un home intime
fait tout en bois
au coin de l'âtre
où les affaires
de chaque âme
qui expire
sont balancées
dans le feu
les petits violons
les vieilles poupées
les bagages en cuir
tout disparaît
dans une fosse étroite
et les gens s'en vont
comme on tourne
une page jaunie
d'un roman défraîchi

CAUCHEMAR INCENDIÉ

Les yeux allumés
voir des scènes qui n'existent pas
une portière arrachée
un couteau qui brille
transperce l'abdomen
un regard aiguisé
l'essence qui se déverse
la nuit noire terrifiée

NAISSANCE IMPRÉVUE

Dans une remise blafarde
aux murs vert tilleul
accoucher d'un bébé
le remettre dans le ventre
        plusieurs fois
plusieurs jours
couper le cordon
ce matin-là
avec de petits ciseaux
à bouts ronds
s'y reprendre à
        plusieurs fois
paniquer dans le noir
parce qu'il ne rentrera plus
dans cette poche
qui restera béante distendue
marcher dans la forêt
à la recherche
d'un four à micro-ondes
ou d'un peu de lait
le nombril déjà bien fait
avoir peur
d'arriver trop tard
que l'enfant soit banni
non reconnu par la société

CORPS CÉLESTE

La lune bruyante
quand elle s'abaisse
est pleine de mystères

LA MAISON DE BONBONS ÉPICÉS

Le dernier nuage rose
est passé
les ombres des sapins
sont débusquées
par la fenêtre
la nuit
s'est installée

Hansel et Gretel
n'ont pas à pleurer
et tant pis
si j'ai
le cœur émietté
à travers la forêt

QUI SAIT

Qui sait
combien de temps
on vivra encore

qui sait
le temps qu'il fera
juste avant que l'on ne soit plus là
un cri perçant
poussé au milieu de la nuit
la mort d'un faisan
disparu tête en avant
dans le radiateur d'une voiture
les larmes versées
le cœur asséché
de n'avoir pas assez bu
jusqu'à ce que l'on ne respire plus

combien d'années
combien de jours
coulerons-nous encore
avant de quitter nos corps
ne plus voir
entendre
sentir
goûter
rêver
juste voler
comme les nuages

qui sait
que faut-il vivre

que faut-il oser
craindre
prier
se barricader
pour ne pas qu'elle puisse
nous trouver
cette mort tant redoutée
se mettre dans une bulle
s'enterrer avec une enclume
ne jamais brûler
le bout de ses plumes
être le rocher
immuable et immobile
qui règne au-dessus
de la colline
se draper
dans le fond du lit
d'une rivière toute nue
guetter le vol des mouettes
qui passent au-dessus de nos têtes
qui roulent en bas
de la montagne
les becs énormes
déshydratés

comment déjouer
cette **marcescence** programmée
combien de temps
qui sait

CIMETIÈRE ENFANTIN

Une église
avec des jardins autour
des boîtes en carton
avec un caillou
et une petite fleur

LE PALAIS DES GRANDS-PARENTS

Le globe vert
qui éclaire les nuits
sous le porche
et berce le sommeil
du dieu Éole
qui souffle au cœur de l'ombre
pour inventer les plus beaux songes
l'ange des bois
la jacinthe au pied du pommier
de la clématite enlacée
des étés auxquels j'ai rêvé
quand l'automne se figeait

RÉPARER L'ENFANCE

J'ai envie d'acheter
toutes les poupées cassées
et de les rapiécer
les réparer
les broder
les border
dans un petit lit
pour qu'elles soient
à nouveau jolies
qu'elles brillent
bien coiffées
qu'elles sourient
c'est mon côté saint-bernard
le tonneau coincé
sous le gosier
qui m'empêche d'avancer
sans m'arrêter
sur la misère
les êtres abîmés
les chiffons déchirés
les jouets à l'agonie
j'emporte tout
contre des sous
et je les fais
renaître à la vie
je les contemple
d'un regard tendre
ces angelots pâles
et immobiles

LA PETITE VADROUILLE

S'étaler dans le lit
comme une crêpe
entre deux sauts
se couvrir sous le ciel
de plumes en sucre
et d'un molleton de crème fouettée
dégouliner de fatigue
au lieu de savoir quelques petites choses
tout   savoir
appétit perturbé
sommeil coupé
vouloir disparaître au septième
dans la salle sur demande
pour échapper à la traque
pour découvrir qui sont
ces lutins dans le jardin
qui déambulent partout
le long de la cheminée
telles des fourmis
qui laissent sur le seuil
d'épars grains de souris
vite   ils arrivent
entendre déjà leurs pas
les premiers nains sont là
interroger un ministre
pour connaître la formule magique
pour se volatiliser au fond d'un coffre
rempli de figurines en plastique
de petits écoliers sorciers
des grenouilles en chocolat
vite   il faut partir

ENCRE DANS LA NUIT

Ne plus écrire
ne pas prendre le temps
uniquement quand on plonge
dans cette mare d'eau noire
qui nous glace jusqu'aux os

l'écriture   alors
nous rince de l'obscurité
l'absorbe en partie

ANALYSE DE LA PEUR

La dame s'installe sur le fauteuil
se recroqueville sur elle-même

s'asseoir   se détendre

elle s'enfonce un peu plus dans le divan
avec cette impression de se retrouver
les tripes à l'air
et la crainte de se faire
dévorer par un oiseau charognard
ou poignarder par une lame surgie
d'ailleurs

l'homme dégaine
son stylo-plume doré qui brille
la femme entortille ses doigts
dans les mailles de son pull en laine

SOLITUDE

Un sot attend
dans un lit
le temps qui tue
de quoi
de quoi peut-on mourir
à cause de la solitude

un besoin
un silence
s'aimer
être sa plus belle compagnie
se marrer avec soi
être soi pour soi

un sot dans un lit
qui se tue
la solitude
il n'est rien
de plus stupide
que de la fuir

la solitude
nous définit
dans notre essence
dans notre boîte
le vide nous habite
abrite cette vastitude
attitude
habitude
qui nous vit
la solitude

VIOLENCES

L'ombre de ma tête
me fait sursauter
de surprise
dans la porte
elle chante
les cils allongés
repartir à l'envers
avant la collision
prononcer les mots
tout haut
en langue étrangère
comprendre au-delà
des syllabes blessées

        en réalité
c'était bien plus
que pas facile
c'était long
et compliqué
tortueux   sinueux
un mauvais traitement
pour l'âme
une peur panique
        au-delà de l'angoisse
qu'on lise nos traits
par-dessus notre épaule
que l'on nous piège
nous étrangle
nous fasse avouer
au-delà de nous
au-delà de tout

ce genre de traces
indélébiles
que l'on a beau retourner
dans tous les sens
faire retentir
de toutes les analyses
qui ne s'effacent jamais
qui nous brisent
qui nous brisent juste
nous laissent là
sans demander
aucun reste   sans pardon
ni merci   ni au revoir
mais à bientôt   à tantôt
       à toujours
cette baffe
dont on ne se remet pas

qu'y a-t-il à ajouter
personne n'entend
ne consent ou ne comprend
seule une créature écartelée
à terre
les tuyaux bouchés
de cailloux
à qui l'on jette
la première pierre
juste un glouglou
plus un murmure
dans les conduites
juste l'air
qui a foutu le camp
avec ses valises

l'âme au diable
pour du temps
et toujours plus d'argent
        offensant

adieu l'enfance
l'insouciance
l'électrochoc
d'une possible fin
une incompréhension
un laisser-faire
une manipulation
entre des doigts gantés
des gens qui crient
qui empêchent d'être
qui forcent
qui étouffent avec des oreillers
qui aboient
qui réduisent à rien
qui rendent chauve
qui mal   traitent
comme une criminelle

j'étais pourtant là
je ne sais plus
je me souviens de tout

      non en réalité
c'était tout sauf facile
c'est même tout le contraire

DÉLICIEUSE SAUDADE

Je vois des hommes cagoulés
en noir
dans un grand cloître
qui courent
je n'entends rien
d'autre que la musique
une mélancolie chuchotée
a cappella
juste des voix
des buissons
une fontaine
au milieu d'une cour
des gens pressés
de la vapeur
de mon masque
qui m'éblouit
l'élastique claque
sur ma joue
rougie de douleur
une mouche gronde
je sursaute
dans mon lit
hors d'haleine
vers quels horizons fuyaient
ces pantins sombres

COLLIERS DE PERLES ET RUBIS

Il y a des mots que l'on met en bouche
comme un bon vin
on les recrache les savoure
et ils résonnent sans fin

et puis d'autres tout petits   inutiles
juste pour donner la main

LA LESSIVEUSE

Parce que
plus on en possède
plus on en a moins
plus on n'aime plus
plus on en rachète
plus on en a trop
plus on n'en a pas besoin
plus on ne sait plus
ce que l'on fait là
où l'on va pourtant
qui l'on est vraiment
et l'on dit tout bas
programme suivant
faites tourner
délicat

POÈME GIGOGNE

Au creux d'un mouchoir replié
ma fourmi
posée sur le gâteau
le gâteau au chocolat
posé sur la couverture
la couverture rayée
posée sur l'herbe
l'herbe sèche
posée sur le jardin
le jardin croquant

et toi
emporté par la poussière
des bougies fondues
perché tout là-haut
tu me regardes de ton œil
disparu au fond de ma poche

je me lève
rentre à la maison
et murmure en silence
joyeux anniversaire

BRÛLURE DU SILENCE

Le champ dévasté
des tournesols roussis
soldats statufiés
allées de têtes penchées
par la canicule   d'un temps avalé
cimetière muet
ciel   ouvert   défait

faut-il toujours suivre
aveuglément   au pas
le même gros soleil
ou se tourner vers
cette petite ombre   soi
qui murmure   parfois trop bas
tapie dans notre dos

au final
lequel des deux
brûle le plus   ses ailes   sa vie

LES BLONDES ET LES BRUNES

Queues de tomates
billes de cerises

cœur de prière
pierre d'artichaut

âme de sel
bain d'enfant

rang de pleurotes
panier d'oignons

yeux de félin
lune en amande

feuille de pluie
étoile de chou

fin de l'automne
danse des haricots

ça ne compte pas
pour des prunes
ni le début
ni la fin

Crépuscule

MATIN GRIGNOTÉ

Les oiseaux picorent
les grains dans le jardin
dans mon cœur m'envahit
une grande bénédiction

les insectes grignotent
les portes de l'armoire
mon âme aimerait
les plonger dans le noir

la douceur et la haine
se côtoient en parallèle
laissant les êtres cloués
sur les coussins du canapé

le givre fait briller
les toiles des araignées
cachées sous les cornières
attendant la fin de l'hiver

À LA MIE DE PAIN

Je m'abîme
dans le bleu opaque
le voile cyan de la nuit
mais je lutte de peur
que mes paupières ne se relèvent
jamais

je ne suis qu'un tas de miettes
dans le fond d'une ramassette
fuyant l'obscurité oubliée

je me balade entre les rayons
des anciens magasins
d'une autre vie

je me perds ici
tout a changé
je ne reconnais plus
ni le temps
ni la vue

j'erre dans un labyrinthe
de bruits et d'odeurs
je cours sans jamais
trouver la sortie

que mes yeux sombrent
faites que je ne meurs
pour voir encore un demain
des sourires des petites mains
se poser sur mon étendue de fatigue

FAUTEUIL VIDE

« Mais on l'a oublié là tout seul »
j'ai bien failli dire
prête à aller le chercher
la bouche ouverte
le mot suspendu à la glotte
criant juste au-dessus du gouffre
ravalé avec la salive
quand ma tête s'est souvenue
que la pièce était déjà vide
et que le ciel alourdi
pleurait déjà des larmes
ruisselant dans les gouttières
juste pour lui

un Noël différent
un Jésus frissonnant
trempé dans la paille humide
éternuant sous les renâclements
du bétail enfoui

deux chapons jumelés
à la place de la dinde fourrée
des marrons dissimulés

des bougies de cire d'abeille
des oranges cloutées
des coloriages d'enfants
des chants de fête

L'ORGANUM

On entend au loin
le ténébreux écho qui bat
dans le creux des poitrines
le pas de la paix
la marche lente du silence
qui fait son chemin
au fond des sillons brumeux
de la conscience endormie

j'irai frapper
aux portes des âmes mortes
projetées contre le chêne
dans un fracas terrifiant
par prompte obéissance
à un quotidien endiablé

indifférente
la fumée blanche
s'échappe toujours
des cheminées

l'air entre et sort
le cœur cogne

CŒUR EN FLAMMES

Dans une alcôve
un feu brille
l'être dort et contemple
le soleil ardent
qui crépite à l'horizon
depuis des millénaires

le vent s'engouffre
dans la boîte aux lettres
chuchote la même note
et fait tressaillir l'assoupi

il a planté un arbre
un petit pommier
pour le dernier-né
c'est bien il paraît

il pense à l'aïeul envolé
c'est un peu comme s'il restait
les vers de terre grouillaient
en ce dernier jour de l'année

JUSTE AVANT LE NOUVEAU JOUR

La peur et le froid
font couler les larmes
et se mêlent au goût
des rafales violentes

le toit vibre
et mon cœur se serre
de ne pas pouvoir m'asseoir
où tu étais allongé

sans rien faire
comme si de rien n'était
juste une voix lointaine
maintenant

un piano chuchoté
une nuit ordinaire
coincée entre deux fêtes
pleine de pluie

j'entends dans les ténèbres
grelotter les oiseaux
trempés de boue
ils n'ont cure
de la nouvelle année

les gouttes d'hier
ou de demain
auront le même bruit
sur leur plumage engourdi

LES DOUZE COUPS DE LA NUIT

Accepter de laisser partir
ce qui n'est plus
laisser filer
le temps perdu
l'année écoulée
d'oublier des éléments
peut-être aussi des gens

l'araignée morte repose
toujours dans son bocal
de verre et d'acier
elle semble s'ennuyer

suçoter la cuillère
du mélange violet
penser à un être cher
en tartinant quelques toasts
distraitement
pour la dernière fête

où s'envolent les mois passés
les fenêtres entrouvertes
et l'air respiré
quand minuit a sonné

CREUSER JUSQU'EN CHINE

Partir sans se retourner
laisser tout aller
pleuvoir jusqu'à inonder
avancer chargé
de toutes ces besaces
        la lourdeur du monde
dans des flaques
de sable mouvant
avec cette impression
de stagner   s'embourber
sur les plages de l'enfance
pelletée après pelletée
sans plus avancer
creuser avec les pieds
tomber dans un trou
se faire piétiner
étouffer
la bouche pleine
de grains du temps
entendre rire la bête
disparaître

puis renaître
de l'autre côté
de la terre

LA CARTE DE VŒUX

Je lui dis qu'une balade
ne prend qu'un « l » dans les bois
et non la chanson qui prend
deux ailes en s'envolant

elle a fermé la porte
m'envoyant balader
vexée de se tromper
la carte déchirée
le visage déformé

et je suis repartie
avec son aile en trop
sous le bras
m'en servant de pagaie
sur la rivière de sa superbe
pour rentrer chez moi

INSOMNIE

Passer ses nuits
à rembobiner ses jours
revoir   réorganiser
redire   réécouter
voir glisser
les paroles   les gestes
replacer un sourire
une épée

passer ses nuits
à regarder défiler
les images passées
pour mieux digérer
retoucher
les moments imparfaits

ranger   trier
jeter   aspirer
fermer les tiroirs
s'éveiller en paix

SONGE ROND

S'envoler comme un oiseau
comme une plume d'eau
comme les ailes d'un papillon
comme le nuage vermillon
comme l'étoile filante
comme la lettre d'amour
ou la lune en plein jour

s'endormir avec le soleil rougissant
s'enfuir et ne jamais revenir
comme les bulles qui montent
et flottent dans les airs

L'OUBLIÉE

Accrochée au balcon
de ma montgolfière
je contemple l'air fier
le petit monde d'en bas

me demandant encore
pourquoi   ce que
je fais bien là

un oiseau se pose
fait des jours
dans mes draps

et je m'enfonce
sans un cri
dans le vide sombre
de la mer glacée

LE PANTIN

Perchée sur un coin de nuage clair
une femme se balance au bout
de ficelles de laine
tombera-t-elle   ou pas
contre ce tapis berbère
de blanc mouton
seule la destinée
le dira

LE VIDE

J'ai rêvé que la lune
sous ses pommettes de sang
s'envolait vers d'autres dunes
me volait des organes
au-dedans

je courais pour tenter
à l'intérieur de les remettre
des petits morceaux de papier
qui partent
des papillons enflammés
qui m'abandonnent
par terre
le nez dans la poussière
grise de la lune cendrée
un calme immense
laissé par la musique cassée
de la boîte du cœur arraché

et la grosse alors bienheureuse
de me voir ainsi vide
et laminée

BULLES DE FUMÉE

Des amas de bulles
petits œufs minuscules
formant des vagues ambrées
à la surface du thé
un tout petit matin
des oiseaux enfantins
sur la batiste d'un ciel inachevé

marcher sur la pointe des pieds
presque à reculons
pour ne réveiller aucune saison
laisser tourner la chanson
de la nuit endormie
sur la vieille platine fleurie

ne s'offusquer d'aucun cri
d'aucun mouvement subit
se retirer presque
à regret   épuisé
laisser résonner les marteaux
à pas de feutre
dans la caisse fissurée

s'en aller   refermer la porte
se déshabiller   ôter toute son écorce
recharger le poêle
se lover au cœur du bûcher
se laisser sagement consumer
partir en fumée
dans le silence indifférent
de la clarté de l'astre blanc

VEILLE

Un hurlement
un déchirement
un supplice
une folie

une imploration
à genoux
venez-moi en aide
sortez-moi de l'obscurité
rendez-moi mon sommeil

LE COMPTE EST BON

Un cœur déraillé
deux mains jointes
trois fois rien
quatre veines saignées
cinq doigts de la main
six pieds sous terre

AU CLAIR D'INFORTUNE

Au clair d'infortune
mon ami l'oiseau
ôte-moi la brume
pour chanter dans l'eau

ma candeur est morte
ce n'est pas un jeu
laisse-moi pour morte
c'est un bel adieu

au clair d'infortune
l'oiseau fit son nid
chassa loin l'écume
puis poussa un cri

prends la mandarine
je sais que tu sais
c'est dans l'insuline
qu'on voit l'amour vrai

au clair d'infortune
c'est ce que je veux
croquer un agrume
croire fort en Dieu

en pressant l'aorte
j'irai où tu s'ras
pour moi peu importe
notre amour vaincra

NUIT LAITEUSE

Un long cache-cache avec l'ombre
je déplace des montagnes
faites que je gagne
faites que je sombre

des bancs d'évanoui sommeil
sur lesquels seule je me balance
pendant d'interminables heures
comme ceux des poissons de vermeil
qui s'allient avec élégance
et chassent au bout leurs prédateurs

une petite souris brune
sous un globe de plafonnier
grignote avec délice
mes bons quartiers de clair de lune
moustaches gorgées de lait frais
s'enfuit avec malice

les nuages du matin
les emportent au loin
adieu ombre   souris   requins
je m'étire en vain
debout sous le crachin
déjà un nouveau jour vient

SERPENT TEINT

La journée s'étale et s'étire
comme du chewing-gum
qui me colle aux doigts
je m'emmêle
et m'arrache les cheveux

LA REINE DES BOUTONS

Voir la beauté
dans un reflet d'eau
une vase un peu mouillée
du vent dans les plumeaux
la mousse qui se décolle du tronc
les arbres verts plantés
une armée de soldats

des assiettes en blanc et bleu
sur les murs tapissés
des brassées de boutons colorés
partout du sol au menton
les brindilles qui scintillent
dans l'âtre défraîchi
le soleil poli
derrière la vitre mouchetée
un bijou même vieux
réarranger les fleurs fanées
un collier de grosses noix
peintes d'innocence

le chat noir ronronnant
au pied des sabots jaunis
apprendre à voir le beau
grimper jusqu'au grenier
partager son musée
rêver et se pâmer
jusqu'à la fin

SOUPIRS D'AMOUR

Il y a des rayons de miel
qui brillent plus fort que le soleil
qui éclipsent les plus grands tournesols
puis qui s'éteignent
comme ils sont venus

CIEL LOURD

Certains jours
le poids de l'existence
pèse plus lourd
un long ruban sombre
m'entoure comme une chape
me courbe

certains jours
les sons font plus de bruit
les sursauts sont partout
les larmes plus proches
la respiration irritée

il est des jours dont
on ne sort pas
ou uniquement sur
la pointe des doigts
en alignant les minutes
les unes après les autres
en les regardant tomber
dans le vide
comme dans les stands de tir
des fêtes foraines

AU PLAFOND IL Y A

Un serpent qui slalome
entre des œufs
une souris qui a fui
une tête d'émeu saisi
le squelette d'un poisson
le crâne d'un zébu malheureux
un rang de tulipes marron
un chien qui aboie
devant des bulles de savon
un énorme chiffre 3
un Mickey Mouse qui louche
le corps d'un pur-sang
un trou qui laisse passer le vent
d'autres nœuds plantés
çà et là dans le bois
c'est fou ce que l'on voit
quand on ouvre grand
les yeux

LE MARIAGE

Petite toupie
m'arrimer à son rocher
pour que ma tête arrête
enfin de tanguer

LA LOCOMOTIVE ASTHMATIQUE

Un picotement
presque anodin
un faux-semblant
deux yeux fermés

des nuages de fumée
qui s'échappent du crâne
et le train d'un coup se lance

la tête enfle
rouge de s'étrangler
les quintes de toux
pour essouffler

la locomotive à vapeur s'ébranle
dans un grand sifflement
prête à dérailler

chercher la lune
qui souffle l'air frais
pour se regonfler
chasser l'écume
qui veut nous noyer

tirer sur la sonnette
envoyer la dose magique
cheminot toujours chancelant
faire décélérer l'effrontée

enfin respirer

AIR FRAIS

Dans mon infini soleil
j'ai froid
les braises s'essoufflent
et retombent en pluie de cendres
qui vieillissent mon teint
la mer dedans
s'écrase au cœur de la lagune
que la terre serre fort
dans ses bras maternels
fins cordons de tendresse
le ressac berce la peur
aucune douleur
les embruns ont tout volé
jusqu'aux goélands
unité décimée
manteaux d'argent taches de sang
planant au-dessus
des sombres cormorans
plongés dans une profonde méditation
billes d'agate verte
sondant les fonds marins
pour percer le mystère caché
à la surface du soleil

UN POÈME

Ça doit juste plonger ailleurs
un petit moment
rien de plus
ça peut faire sourire   pleurer
penser   perturber
hausser les sourcils
se balancer la tête à l'envers
sur un trapèze en bois
parfois accompagner
tenir la main   ancrer
sonner joli   caresser
distraire   aimer
indifférer   passer au suivant
chercher   trouver ou pas
jouer   apprécier
mâcher les mots sucrés
comme une fraise Tagada
faire réfléchir une paire d'yeux
dans l'obscurité de la nuit
faire vibrer   illuminer parfois
un tout petit bout enfoui de soi

SUR LA LIGNE DE DÉPART

S'absorber
dans les bouillons brûlants
d'une confiture dorée
comme les vagues imperceptibles
qui ondulent sur le ventre
glissant des loches
silencieuses et innocentes

observer
les pétales d'une mouche
de pomme
qui sombrent engloutis
vers le fond
abattue de ne plus pouvoir
s'envoler

être
une poupée dans sa boîte
endormie
qui ne sort que
pour les grandes occasions

s'ébrouer
jaillir de la marmite
en jolis bouquets d'éclaboussures
comme des fusées de détresse

vibrer
avec les sifflements des feux d'artifice
qui rappellent à l'oreille
que rien n'est immuable

DÉPRESSION POST-PARTUM

De mes heures sombres
de ces cris passés sous silence
il ne reste que des flashs
qui me tordent le ventre
vide de tout

une assiette de cake aux pommes
posée sur une table de chevet
des images de couvre-lit
torsadé autour du cou
pendu dans le vide
pour m'évader
vers d'autres demains

une étagère recouverte
de médicaments blancs
de mon visage pâle
comme un linge
dans le miroir
inondé de larmes ruisselantes
du sol qui se dérobe

de l'angoisse
de la tristesse
de l'inutilité
de la solitude

le souvenir d'un monstre
hirsute noir   et menaçant
qui grandit dans les tripes
qui prend tout l'espace

qui fait ployer l'âme
et vaciller les fondements

de ce besoin
terrible et impérieux
de quitter ce corps
de fuir loin
de ne plus rien entendre
d'arrêter les cris

pour pouvoir enfin
trouver le repos
atteindre l'éternité
l'obscurité infinie
le silence profond
la quiétude méritée

de ces heures sombres
il reste ces flashs
qui tapent encore
juste derrière ma rétine
comme les coups frappés
par deux petits poings fermés
d'un nourrisson hurlant

CERTAINS JOURS NÉBULEUX

Le ciel est lourd de gris
une peinture qui dégouline
une traînée de poudre
laissée dans les nues du soir
le pas chassé d'une ballerine
le vol d'un flamant rose blessé
le doux balancement
de la feuille morte
détachée du rosier
de gros rats crevés
leur fuite à travers la chaussée
des trous creusés
des champs de mines
dans lesquels on s'affaisse
le craquement des chevilles
les voisins attablés
autour d'une marmite noire
de petites bouches orangées
entrouvertes pleines d'algues
qui crient au secours
des pinces bleutées
les soirs de grand effroi
le linge au coin du feu
l'enfant qui se cogne
des bosses de fatigue
le cœur qui palpite
des sursauts d'amour
des élans protecteurs
la peur de n'être pas
à la hauteur du ciel
tous ces nuages gris

qui parfois nous plient
les soirées de bruit
les épaules alourdies de suie
ces nuées sous lesquelles
tous on fléchit
détraqués par les froids

SI JE N'ÉCOUTAIS QUE MOI

J'irais ailleurs que là
au bout du monde
dans le creux des bois
sous les feuilles d'automne
j'hibernerais loin
je serais le vent
je fuirais dans un autre temps
je me coucherais sur la glace
sans craindre d'avoir froid
écouterais réellement son chant
je sauterais dans les flaques
d'aquarelle arc-en-ciel
je mangerais des livres
à tous les repas
ou je ne dînerais pas
me remplirais d'air
de grand vide
un grenier géant
une chère de roi
je danserais sûrement
je vibrerais au son
du violon invisible
qui résonnerait au-dedans
je n'entendrais que du silence
autour de moi
je me ficherais d'une ride
d'une peau qui pend
d'une corde qui attend
je jetterais par les fenêtres
des pages noircies
de centaines de caractères

de beauté infinie
je lâcherais le souffle retenu
les tensions emmagasinées
comme des caddies débordants
de provisions alignées
pour un siège imaginaire
je respirerais vraiment
sans apnée sans sursaut
je n'aurais pas peur
de manquer de tout
de perdre tout
d'un séisme d'un incendie
d'une porte claquée

si je n'écoutais que moi
j'ouvrirais la fenêtre en grand

DETTES FAMILIALES

Courir   fuir
galoper à travers
champs et forêts
escalader jusqu'aux sommets
des nuages et montagnes
s'abriter hors de portée
des griffes des chiens enragés
exhaler sa lourde peine haleter
sourd aux hurlements passés
oser   être soi
sauver sa peau
coûte que coûte

CONFIDENCES AU CHEVET

Dès que l'enfant est là
les « tu dois »
les « il faut »
tu ne les entends pas
tu les déchires
tu les jettes à la poubelle

GERME DE VIE

Pendant mes jours
je scrute   et fouille

pendant mes nuits
je m'agite   me débats

je ne sais pas où elle est
je n'arrive pas à la retrouver
dans les foules de visages
des cours de récréation bondées
l'enfant que tu m'as arrachée

CHANDELEUR À MINUIT

Le dos en vrac
en miettes de pain
mille pièces de puzzle désassemblées
une théière en porcelaine brisée
des chandelles mortes
une feuille flétrie envolée
des moineaux dans la cour dallée de marbre
un troupeau d'ovins divins   inépuisable
se retourner comme une crêpe chiffonnée
à l'infini
jusqu'à la fin de la nuit

LE DORMEUR

L'air circule
entre les deux mâchoires émaillées
la peau rouge affaissée
se balance sur la liane tremblante
fonce jusqu'au fond du précipice
chute vertigineuse
la grotte asséchée
réclame de l'eau à grands cris
juste avant que l'énorme vague rosée
ne vienne frapper le plafond incurvé
tapissée de ses milliers de coussins
minuscules ventouses qui pétillent
et font revenir à la vie
la cavité ancestrale

SOURIRE

Détartrer le paysage
déterrer la misère
tarte sucrée
tarée
s'enfoncer dans son siège

le vent gicle
entre les coraux blancs
la langue de mer vient écorcher
cogner contre la barrière acérée
une fois par an
c'est jour de grands courants
le jet de baleine vibrant
se fracasse sur les rochers
et fait tout luire   tout briller
même les becs des fous de Bassan

UN CŒUR CHAUD

Concevoir un enfant
est comme allumer un feu
parfois ça prend
on a l'étincelle
au sein du foyer
la flambée du petit bois
la belle bûche incendiée

parfois pas

toutes celles qui attendent
espèrent un brasier de joie

MISS CARRIAGE

La carriole de la princesse Cendrillon a déraillé
plus de chevaux ni de cocher
plus qu'une citrouille qui a trébuché
flétrie   crevée   vidée
une âme seule qui pleure
sur le bord du sentier

PASSÉ À LA MACHINE

Long linge blanc essoré
dans la nuit somnambule
ombre pâle   molle
anonyme   étiolée
corps plat   dégingandé
le fer qui attend
encore chaud
la planche dépliée
un être dégoulinant
qui s'étale   sans un pli
silencieux   se replie
se range dans le fond
d'un tiroir obscur
épuisé

SOUS LA COUETTE

Souffler l'air chaud
se créer une bulle de sécurité
un parachute refermé
se pelotonner tel un chat
redresser la tête
un mât de chapiteau rouge et blanc
écouter le spectacle du vent
prisonnier du faîte du toit
voguer sur l'eau noire
un radeau esseulé
battre des pieds
à la recherche d'un mouchoir oublié
d'une chaussette perdue

L'ÊTRE ÉTERNEL

Que ressens-tu
là   sous la pierre
sens-tu que l'eau quitte tes chairs
que ta substance se vide de toi
que ta peau se colle et se terre
que tes branches ivoirines restent là
perdurent après l'hiver
dans le silence de ton coffret
qui brille toujours tel un trésor
à l'abri de mon cœur
dis-moi   bel arbre fier
qui sommeille chaque saison
au pied de mes yeux de rivière
sens-tu
que le printemps est bientôt là

AU FOND DES BOIS

Mille et un secrets ont jailli de mon ciel
et gouaché la forêt de nos pas
le chant des nains retentissant par-delà
les mousses ténébreuses gorgées
d'eau et de cristal
dans le dédale des pins humains
je trace ma route
je glisse   je me noie

TEMPS DE CHIEN

Et si je te disais que je l'ai trompé
est-ce que tu me raconterais que
les chiens ne font pas des chats
c'est une idée à laquelle
je n'arrive pas à m'habituer
m'habituer   m'habiter   m'abîmer
les mots tournent   s'égratignent
ma langue s'engloutit   lancine
il pleut
et c'est comme si
tout le chagrin du monde
se rassemblait dans cette flaque
pour mouiller les souliers
et éclabousser les yeux
des gouttes de tristesse
distillées   colorées
en tous sens
des petits bonds de lapins
qui fuient loin du temps

ESQUISSE BLÊME

Voir le ciel s'assombrir
la journée s'endormir
et filer dans un bâillement
des peignes de cils en un clignement
l'aube poindre lentement
être prise en sandwich d'enfants
deux pelotes de laine blanche
blotties contre les hanches
ronronner sous l'édredon
sans être des chatons
l'oreille tendue sous les cheveux blonds
dans l'attente du coup de klaxon

EN FUSION

Mon joli koala
je t'emporterais bien partout
dans ma poche de kangourou
caché sous un foulard carré
calé sous mon bras   emmitouflé
petite boule bien au chaud
au bureau   à l'opéra
c'est sûr on te verrait
les autres t'entendraient
même gémir ou respirer
il faudrait que tu rentres
dans ma peau   dans mon ventre
contre mon cœur de lave qui fond
un petit beurre au chocolat
que l'on grignoterait là
assis sur un banc
toi sur mes genoux
le sourire barbouillé
en faisant comme si
de rien n'était

SOUS LE PONT CHARLES

J'ai rêvé d'un cygne
dans une forêt enchantée
transpercé par un nuage d'orage
la lune dorée tremblait pour lui

j'entendais les claquements
des pointes roses
des ailes des oiseaux
l'éventail dressé
le tambour de basque frappé
pour chasser les flèches
de l'animal emprisonné
le cri du violon
dans la nuit
qui répondait à la harpe
portés tous deux
sur le dos du grave violoncelle
sur les méandres calmes
de l'eau qui brillait
sous le regard nocturne
le souffle des amoureux épris

j'ai ressenti
mes côtes se serrer
quand l'oiseau immense et maigre
s'est penché pour s'envoler
laissant des plumes retomber
sur le plancher de la scène
l'être oppressé
les voix tousser
les gens éternuer

les visages éclairés
par la lumière des écrans
bêtement
riant de n'avoir rien compris
pendant que la horde immaculée
des vingt-quatre anatidés
s'éclipsait
devant la majesté endormie

                                    – *au théâtre*

PIERRE QUI MOUSSE

La maladresse
n'est pas de l'ivresse
ce sont des gestes mal
tournés   innés

une pierre qui tombe
un riche art de la gaffe
les pieds ligotés emmêlés
les mains jointes dans le plat

une porte claquée dans le noir
une casserole cabossée
un verre sur le sol brisé
un chambranle défoncé

les maladroits perturbent
le silence du monde
en train de tourner
ils le font sursauter

ils ont du temps
à donner pour réparer
refaire   revenir en arrière
racheter   recommencer

ils mettent les nerfs à terre
ou le rire au front
se promenant le nez en l'air
collé au plafond

le regard ailleurs absorbé
des bleus sur les côtés
la lune égratignée
sans cesse prêts à trébucher

ils connaissent la chanson
doivent viser juste pour être à côté
ils sont adroits pour rater
et ne pas louper l'occasion

les maladroits sont crispants
ils sont parfois si mal assis
qu'ils pourraient tomber
sans même le deviner

certains sont si mal à droite
qu'ils tendent à chavirer
virent de bord
et deviennent gauchers

L'AMOUR EST PATIENCE

Amour de vie
fils du ciel
merci chaque jour
de tendre l'autre joue
quand mes propos
giflent tes pas
merci chaque nuit
d'écouter et de contenir
les flots de paroles
et de questionnements sans fin
de compter les étoiles
de conter les mots
jusqu'à ce que le sommeil
vienne m'emporter
de considérer avec constance
mes plus folles lubies
tu es mon plus beau
mon plus fidèle berger
celui dont je n'aurais
jamais pu rêver

DÉGEL

Le soleil est grand
et la terre est glace
le triste hiver fond
faites qu'on ne trépasse

LE SILENCE DORT

Je pleure
comme le ciel qui claque
sur le pavé
comme la corneille qui lutte
dans la tempête
comme le chat qui se bat
dans ses rêves

j'ai peur de la banalité
de devoir me taire
écouter des gens bateau
qui me donnent le mal de mer
de me murer
sous des gravats de la terre
leur laisser débiter
leurs inutiles logorrhées
sans sourciller bouche cousue
plutôt que tenter de leur ouvrir
les paupières alourdies

j'ai peur
de devoir m'absenter
de moi m'éloigner
de l'ennui engendré
par les autres et non le temps
jouer le rôle de coquille vide
jusqu'à ce que se ferment
leurs becs rasoir
et que je m'écorche
m'étrangle dans le noir
face à tant de vacuité

MOLUBDOTÉMOPHILE

Je m'en irai dans les arbres
au cœur d'une cabane en bois
rien pour jouer dans le désert
loin des lumières de la ville
l'âme perchée au bout d'un fil
qui ramènera des chocolats
sur un lit de feuilles mortes
les nuages chargés d'écume
les épluchures des taille-crayons
tourbillonneront
arcs-en-ciel battant des cils
les mines traceront des rayons
sur mon carnet ensoleillé
les compas danseront
petites étoiles ballerines
qui tireront   fragiles
les lourds rideaux
de papier blanc

je m'en irai
je ne reviendrai pas

UN SIGNE

Je nous ai vus tanguer
tels les bateaux
qui prennent la mer
par temps d'orage
la douleur nous déchirer
remonter en nous
tels des chants tristes
d'un chœur de sirènes
qui atteignent à peine
la coupole d'une église
nous ébranler
quand le père a disparu
nous laissant sans tête
      aveugles et sourds
j'ai entendu le cœur
du fils louvoyer submergé
l'esprit soupirer en son sein
hausser les épaules
feindre pour se protéger
porter sa croix   résigné
s'offrir à l'univers entier

puis plus rien
culbutos immobiles
après un raz-de-marée
la peine peut être si douce
fais-nous un signe
amène-nous
la force quel que soit le chemin
amène-nous
jusqu'au ciel   divin

FLOU ARTISTIQUE

Les oiseaux chantent
par-dessus la pluie
lui demandant
de leur branche
de ne plus tomber

deviennent éponges
coussins doux   mous
jaunes et bleus pressés
presque verts   écœurés
effaçant les contours
d'une nature aquarellée

ôtent leurs lunettes trempées
se heurtant au fouet du vent
puis se posent gorge serrée
désemparés sur le tapis verglacé
de jeannettes jaunes
pour se reposer

CAVEAU

Regarder en catimini
par le petit trou
du parterre affaissé
juste pour voir
si tu es là
en train de m'écouter

sagement
silencieusement

juste

MAIN DANS LA MAIN

La distance est trop loin
je ne vois plus rien avec mes yeux
mon cœur pleure encore parfois
les jours où les grands ifs fiers
soufflent dans mes cheveux emmêlés

les âmes endormies sont partout
dans la musique du vent
elles nous étreignent sans un mot
comme un dôme qui tournoie
un châle de réconfort
sur les épaules

quand mon regard te cherche
à travers les allées embuées
les rues désherbées
et que je m'égare
comme on cherche un char
au milieu d'une mare bétonnée

quand mes pas trébuchent
sur la pointe des pierres
sans que je tombe
rester les bras en l'air

alors une fumée humaine
une foule de murmures
tendres et bienveillants
me mène par la main
devant ta demeure
agenouillée

POINT DU JOUR

Après chaque   **crépuscule**
naît une nouvelle aube
patience dans la nuit
espoir   émerveillement

TABLE

Torpeur	9
Marcescence	85
Crépuscule	115

Dépôt légal : août 2024
Imprimé en France